DISFARCES DOS ANIMAIS

Neide Simões de Mattos **Suzana Facchini Granato**

Conforme a nova ortografia

Formato

FICHA CATALOGRÁFICA
Dados Internacionais de Catalogação na Publicação (CIP)
(Câmara Brasileira do Livro, SP, Brasil)

Mattos, Neide Simões de
　Disfarces dos animais / Neide Simões de Mattos, Suzana Facchini Granato. — São Paulo : Formato Editorial, 2012.
　ISBN 978-85-7208-765-0
　ISBN 978-85-7208-766-7 (professor)
　1. Literatura infantojuvenil I. Granato, Suzana Facchini. II. Título.

12-01567　　　　　　　　　　　　　　　　　　CDD-028.5

Índices para catálogo sistemático:
1. Literatura infantil　028.5
2. Literatura infantojuvenil　028.5

DISFARCES DOS ANIMAIS

Copyright © Neide Simões de Mattos e Suzana Facchini Granato, 2011

Gerente editorial　**Rogério Carlos Gastaldo de Oliveira**
Editora-assistente　**Andreia Pereira**
Auxiliares de serviços editoriais　**Rute de Brito** e **Mari Tatiana Kumagai**
Estagiário　**Daniel de Oliveira**
Preparação de texto　**Tássia Gomes Santana**
Revisão　**Pedro Cunha Jr.** e **Lilian Semenichin (coords.)** / **Tayra Afonso**
Pesquisa iconográfica　**Cristina Akisino (coord.)** / **Roberto Silva**
Imagens de capa e quarta capa (detalhe)　**Frans Lanting/Latinstock**

Projeto gráfico e diagramação　**Arlete R. Braga**

Direitos reservados à SARAIVA S.A. Livreiros Editores
Rua Henrique Schaumann, 270 – Pinheiros
05413-010 – São Paulo – SP
PABX: (0xx11) 3613-3000
Fax Vendas: (0XX11) 3611-3268
www.editorasaraiva.com.br
atendprof@editorasaraiva.com.br

Proibida a reprodução total ou parcial desta obra
sem o consentimento por escrito da editora.

1ª edição
1ª tiragem, 2012

Visite nosso *site*: www.formatoeditorial.com.br
Atendimento ao professor: 0800 011 7875
falecom@formatoeditorial.com.br

Os disfarces fazem parte do jogo da vida. Um bom disfarce ajuda muitos animais a conseguirem comida e outros a escaparem de ser comidos.

Urutau

Sapo-de-chifre

Uma forma de disfarce é a camuflagem. Os animais camuflados se confundem com o ambiente onde vivem.

As leoas se aproveitam da camuflagem para caçar. Elas se confundem com as plantas do lugar onde vivem e se aproximam da caça sem ser vistas.

As perdizes voam pouco e fazem ninho no chão. Suas penas, manchadas da cor da terra e das folhas mortas, as deixam bem escondidas no ambiente.

Os lagartos também conseguem passar despercebidos. Os que vivem em terrenos pedregosos ficam imóveis e "invisíveis" no meio das pedras.

Os camaleões são mestres da camuflagem. Quando estão nas árvores, têm cor verde e se misturam com a folhagem. Nos galhos, mudam de cor para marrom escuro.

Muitos peixes são bons em disfarce. O peixe-pedra, que vive no fundo do mar, é um deles.

Outro peixe que se disfarça bem é o linguado. Seu corpo, achatado e todo manchado, se confunde com a areia e as pedrinhas do fundo do mar.

A camuflagem serve para muitos insetos escaparem de ser devorados por pássaros, lagartos e sapos. O bicho-folha some entre as folhas.

O bicho-pau, como o nome diz, pode ser confundido com um gravetinho seco.

Certas mariposas de asas claras ficam bem camufladas quando pousam num tronco de árvore coberto por liquens.

Os disfarces também podem ser por imitação (mimetismo). Certos seres se protegem por imitar outros perigosos.

A cobra coral falsa não é venenosa, mas é temida por se parecer com a venenosíssima coral verdadeira.

Vespa
Louva-a-deus

CERTOS INSETOS IMITAM OUTROS QUE FERROAM. COMO OS PÁSSAROS TEMEM A PICADA DAS VESPAS, OUTROS INSETOS QUE AS IMITAM ESCAPAM DE SER COMIDOS.

OUTROS INSETOS SÃO EVITADOS PELO GOSTO QUE TÊM. É O QUE ACONTECE COM VÁRIAS BORBOLETAS QUE TÊM GOSTO RUIM PARA OS PÁSSAROS E SÃO IMITADAS POR OUTRAS ESPÉCIES.

Borboleta monarca

Borboleta vice-rei

Lagarta

Cobra

HÁ LAGARTAS INOFENSIVAS QUE ESCAPAM DE SER COMIDAS POR PÁSSAROS PORQUE SE PARECEM COM COBRAS.

Meu nome é Suzana Facchini Granato.
Sou bióloga e professora.
Nasci e vivo em São Paulo, mas adoro
fugir daqui para lugares onde haja uma natureza
vibrante e muito bicho.
Nosso planeta, a Terra, está precisando de gente que cuide dela
com mais carinho! Para isso, é preciso conhecer melhor seus
ambientes e os seres que neles vivem.
Eu e a Neide já escrevemos muitos livros juntas.
Esperamos, com isso, mostrar para vocês, crianças,
como a natureza é linda e merece ser cuidada.
Tomara que vocês gostem deste livro!

Sou Neide Simões de Mattos, professora aposentada.
Estudei Biologia para conhecer melhor
o que existe na natureza e como ela funciona.
Continuo estudando e aprendendo cada vez mais.
Gosto de escrever para mostrar a vocês o que sei
e como é importante esse conhecimento.
Dependemos do nosso ambiente natural e de todos
os seres que nele existem.
Espero que vocês não só apreciem a natureza,
mas se tornem, também, protetores dela.